अनकहे जज्बात

पल्लवी

ISBN 979-888546476-5

क्रम-सूची

पल्लवी — vii

1. रात से एक मुलाकात — 1

2. मन करता है। — 3

3. मैं आई हूं — 4

4. किसे पता था — 6

5. हमारी कहानी — 8

6. बांवरा मन — 9

7. अनकहे अल्फाज — 10

8. उलझन — 11

9. उस पंछी की खता। — 12

10. जरा ठहरों — 14

11. जरुरी तो नहीं — 16

12. तेरा मेरा फसाना — 17

13. मोहन यह राधा — 19

14. दिल जानता है — 21

15. नैनो की भाषा — 23

16. तुम्हारी आंखें — 25

17. मुझे याद है — 27

18. आजाद — 28

19. अधूरा किस्सा — 30

20. सफलता — 31

21. तलाश — 33

क्रम-सूची

22. ऐ जिंदगी — 35

23. इश्क का रंग — 36

24. आने वाले पल — 37

25. समय — 38

26. रोशनी की तलाश — 39

27. इश्क — 41

28. इश्क का रोग — 43

29. घुटन — 45

30. मुझे भी डर लगता है — 47

31. सच की चिंगारी — 49

32. बहुत हुआ — 50

33. वादा करने वाले — 52

34. गलतफहमी — 55

35. कौन जानता है — 56

36. मंजिल — 57

37. हवाएं — 58

38. प्यार के खातिर — 60

39. ऐ उम्मीद — 62

40. फरियाद — 63

41. कहानी रुहानी — 65

42. रास्ता — 66

43. अंधकार — 67

क्रम-सूची

44. अंतर्मन की आवाज 69

45. सपनो तक दौड़ 70

46. आजादी की कीमत 72

47. चांद तेरा रुप 73

48. इत्तेफाक 74

49. दिल तो बच्चा है जी 75

50. एक शाम खुद संग 76

पल्लवी

Pallavi

दिल्ली के साधारण परिवार की पल्लवी पेशे से अध्यापिका है पर खाली समय में अक्सर अपने विचारों को लिखकर पन्नों में व्यक्त करती है।पल्लवी का शुरुआत से ही रुझान लेखक और उनके लेखन की ओर रहा है। उन्होंने अपने लेखन से भी औरो को प्रभावित किया है। वह अक्सर अपनी भावनाओ को कागज़ के पन्नो पर व्यक्त करती रहती।

1. रात से एक मुलाकात

कल एक दफा देर से फिर,
रात से बात हो गई।

है कितना अंधेरा उसके पास,
इस बात पर बात हो गई।

गिना कर अपना अंधेरा,
चांद तारो के साथ वो मायूस सी हो गई।

देखकर उसको यूं मायूस ऐसे,
मैं भी अपने कुछ पन्ने पलटने पर मजबूर हो गई।

पन्ने पूरे खुलते,
इस से पहले ही,
रात को घबराहट हो गई

बिना चांद तारो के मेरे पास, इतना अंधेरा देख कर,
रात भी हैरान हो गई।

उसके इस सवाल पर,
मै मुस्कुरा कर रह गई

रहती हूं इस तरह कैसे,
रात भी यह सवाल करने पर मजबूर हो गई।

उसके इस सवाल के जवाब में, मैं भी कुछ क्षण मौन हो
गई।
क्योंकि जवाब तो शायद यही था,
कि ऐ रात
अब तो बस इस अंधेरे की ही, आदत मुझे भी हो गई।
इस अंधेरे के संग अब तो
मेरी भी यारी हो गई।

कल एक दफा देर से फिर,
रात से बात हो गई।

2. मन करता है।

कभी कभी कहीं दूर जाने का मन करता है,
अक्सर खुद को खोजकर
ढूंढ लाने का मन करता है।

मेरे ही अंदर दफन है जो आवाज मेरे ही मन की,
अक्सर उसी दबी आवाज को सुनने का मन करता है।

कभी कभी कहीं दूर जाने का मन करता है।

कभी कभी अकेले में बैठ कर,
खुद ही खुद से
बहुत सी गुफ़्तगु
करने का मन करता है।

कभी कभी कहीं दूर जाने का मन करता है,
अक्सर खुद को खोजकर
ढूंढ लाने का मन करता है।

3. मैं आई हूं

ना तुम्हें याद करने आई हूं,
ना तुम्हें याद करके आई हूं।

ना तुम्हें याद करने आई हूं,
ना तुम्हें याद करके आई हूं।

ना कोई फरियाद करने आई हूं,
ना बीती कोई बात करने आई हूं।

ना ही तुम्हारे उन झूठे वादों पर
मैं एतबार करके आई हूं।
एक पुराना हिसाब था,
तुम्हें वो ही बतलाने आई हूं।

दिल खो कर जख्म पाया था
जिन गलियों में,
मैं आज वहीं पर तुझे तेरा उधार याद करवाने आई हूं।
मैं आज वहीं पर तुझे तेरा उधार याद करवाने आई हूं

तुमने दिल तोड़ा था
मेरा किस अदा से।
मैं आज वहीं किस्सा,

इन गलियों में सुनाने आई हूं।

मैं आज वहीं किस्सा,
इन गलियों में सुनाने आई हूं।

ना तुम्हें याद करने आई हूं,
ना तुम्हें याद करके आई हूं।

4. किसे पता था

किसे पता था की एक दिन,
तुम मुझे यूं बर्बाद कर जाओगे।
रुह को छलनी कर मेरी,
तुम मुझे यूं बेजान कर जाओगे।
बेवफाई कर के खुद हमसे,
तुम मुझे यूं सरेआम बदनाम कर जाओगे।
तोड़ कर उम्मीदें सारी
तुम मुझे हताश कर जाओगे।

किसे पता था की एक दिन
तुम मुझे यूं बर्बाद कर जाओगे।

पर तुम्हें भी कहां पता था,

पर तुम्हें भी कहां पता था,
कि यूं मुंह मोड़ कर मुझसे,
तुम मुझे यूं गमों से आजाद कर जाओगे।
छोड़ कर पीछा मेरा
तुम मुझे यूं आबाद कर जाओगे।
एक नए कल की उजली सी सुबह,
तुम यूं ही मेरे सौगात कर जाओगे।

किसे पता था की एक दिन,
तुम मुझे यूं आबाद कर जाओगे।

5. हमारी कहानी

कुछ खट्टी कुछ मिठी,
है हमारी कहानी।
कुछ रंग बिरंगी
है हमारी जिंदगानी।

कुछ मैं और कुछ तुम में
बटी थी ये जिंदगानी।
तुम आए जो पास तो
फिर बनी गई हमारी ये कहानी।

कुछ खट्टी कुछ मीठी
कुछ सच्ची कुछ झूठी
कुछ कच्ची कुछ पक्की
कुछ पूरी कुछ आधी सी
है हमारी यह कहानी

इसी एक कहानी में बीती है सारी,
हमारी तो यह छोटी सी पूरी जिंदगानी।

6. बांवरा मन

बांवरा मन देखने ये कुछ, हसीन सपने चला।
नाचे है ये पवन के संग,
ना जाने क्यों थिरकने लगा।
हसीन से कुछ रंगीन से
ख्वाब है ये बुनने लगा।
चलते ही चलते राह में
यह राह ही भटकने लगा।
जीवन में नए लक्ष्य की
ओर अब यह भागने लगा।
बांवरा मन देखने ये कुछ, हसीन सपने चला।

7. अनकहे अल्फाज

मन में उठे अनकहें अल्फ़ाज़ों को मैं,
कैसे बयां करु।
अपनी सारी उलझनों को मैं,
कैसे दूर करु।

अपने मन के सवाल और
दिल में उठ रहे बवाल को मैं,
कैसे दूर करु।
ऊंचीं सपनों की उड़ान को मैं,
कैसे आखिर भरु।

इस समाज में रहकर भी मैं, कैसे अपनी चाल से चलू।
लाखो बंधनो में बंधी हूं मैं,
कैसे आजाद खुद को करु।

मन में उठे अनकहे जज्बातों को आखिर मैं,
किन अल्फ़ाजो में बयां करु।
किन अल्फ़ाज़ों में बयां करु।

8. उलझन

आंखो में छिपे दर्द,
आंखो में ही सिमट के रह जाएगें।

आंखो में छिपे दर्द,
आंखो में ही सिमट के रह जाएगें।

दिल में दबे शब्द,
दिल में ही कहीं दफ्न हो जाएगें।

जीने में लगता हैं अब तो
फिर से वहीं घुटन होगी।
दिल में कहीं पर फिर से,
एक अजीब सी वहीं चुभन होगी।

तुम मिलोगे या नहीं हमको,
तुम मिलोगे या नहीं हमको,

लगता है आज फिर एक बार,
इसी उलझन में,
हमारी आंखें ये नम होगीं।

हमारी आंखे ये नम होगी।

9. उस पंछी की खता।

क्या खता हुई उस पंछी से
जो बिना उसका जुर्म बताए,
उसे जीवन भर को कैद किया गया।

क्यों और किस कारण से उसको,
ताउम्र यूं पिंजरे में डाल दिया गया।

किस कसूर से उसको,
इस खुले नील गगन से
यूं दूर किया गया।

क्या खता हुई उस पंछी से
जो बिना उसका जुर्म बताए,
उसे जीवन भर को कैद किया गया

किस अपराध के कारण से,
उसके ऊंची उड़ान के सपने को,
इतनी बेरददी से यूं चूर किया गया?

आखिर क्यों उड़ने को थे जो पंख उसके,
उन्हें अदृश्य ढंग से काट दिया गया।

क्या खता हुई उस पंछी से
जो बिना उसका जुर्म बताए,
जीवन भर को कैद किया गया।
बिना किसी अपराध के क्यों
यूं जीवन भर का उसको,
यह कष्ट दिया गया।

रिश्ता था जिसका खुले आसमां से,
उसको क्यों उससे इतनी दूर कर दिया गया?

क्या खता हुई उस पंछी से
जो बिना उसका जुर्म बताए,
उसे जीवन भर को कैद किया गया

आखिर क्यों उसके दारुण क्रंदन को,
मधुर संगीत सा मान लिया गया।

क्यों उसकी उस छटपहाट को
उल्लास का नाम दिया गया।
आखिर क्यों और किस कारण से,
उसके ऊंची उड़ान के सपने को
यूं बेदर्दी से चूर किया गया?

क्या खता हुई उस पंछी से
जो बिना उसका जुर्म बताए,
उसे जीवन भर को कैद किया गया।

10. जरा ठहरों

जरा ठहरो,
रूको जरा सा।
जरा सोचो ,
समझो तो जरा सा।

तुम याद तो करों थोड़ा जरा सा।
महसूस तो करो तुम थोड़ा जरा सा ।
जानने की कोशिश तो करो तुम
थोड़ी जरा सी
कि आखिर क्या?

आखिर क्या वजह हुई,
तुम्हारे यूं इस तरह से
जरा जरा करके घुटने के।
यूं इस तरह हर पल में
कतरा कतरा कर मरने की।

कि आखिर क्या वजह हुई
तेरे सपनों की यूं मिट्टी के घरौंदों से ढहने की।
तेरी यूं इस तरह जिंदगी से रुठे रहने की।

कि आखिर क्या वजह हुई,

हर पल यूं बेबस रहने की।
हजारों लफ्जों की कहानी को
किसी से भी ना कहने की।

11. जरुरी तो नहीं

हर मुसाफिर-ए- इश्क
को मंजिल मिलें,
ये जरुरी तो नहीं

हर इश्क के किस्से को
उसका सही अंजाम मिले,
ये जरुरी तो नहीं

वादा किया हर
इश्क का पूरा हो,
ये जरुरी तो नहीं

पर

हर फ़साने- ए- इश्क में ,
बने दुश्मन ये ज़माना
ये जरुरी तो नहीं

अधूरी ही रहे
हर कहानी इश्क की
ये जरुरी तो नहीं।

12. तेरा मेरा फसाना

मुझको देख कर के ही,
तेरा मुस्कुराना वो।
बहाना नया बना कर के
तेरा मुझसे मिलने आना वो।

जाते जाते आधे रास्ते से,
तेरा लौट आना वो।
रूकने के लिए तेरा,
कोई बहाना बनाना वो।

मेरी जिंदगी में आकर के
तेरा रंग सजाना वो।
मुझको देख करके
तेरा पलके झुकाना वो।

पास आने पर तेरे,
शरमा के भाग जाना वो।
मुझको जाता देख कर,
तेरा लौट के आना वो।

मुझे आता देख कर तेरा,
आधे रास्ते से लौट आना वो।

तुझे रोकने को मेरा
सौ बात सुनाना वो।

भर गया है रंग मुझमें
मुझे जीना सिखा कर के,
मेरी जिंदगी का बन गया है,
अब तो एक फसाना वो।

13. मोहन यह राधा

तेरी तरफ आते हुए,
मैं बाकी सारे रास्ते छोड़ आई
इस दुनिया के लोगो से,
मैं हर एक बंधन तोड़ आई।

सिर्फ तेरी बांसुरी के ही सहारे ओ मोहन,
ये राधे हर एक रस्म को तोड़ आई।

अब तो लगता हे मोहन!
कि दिल संग मैं खुद की,
चेतना भी तुम्हारे पास ही
कहीं पर छोड़ आई।

अपना अंतिम गंतव्य मान तुम्हें,
अपना हर एक मार्ग मैं,
तुम्हारी ही ओर मोड़ आई।

इस जन्म का ही नहीं ओ केशव,
अब तो हर एक जन्म का नाता
ये राधे तुम संग जोड़ आई।

तेरी तरफ आते हुए ओ मोहन

मैं बाकी सारे रास्ते छोड़ आई।

14. दिल जानता है

जो हमारे दिल पर गुजरी है,
वो बस हमारा ही दिल जानता है।
लाख समझाया है हमने इसको,
पर ये मन हमारी कहां मानता है।

हमें छोड़ जा चुके हो तुम,
इसे तो यह
अभी तक झूठ ही मानता है।
हमारे जो दिल पर जो गुजरी है,
वो तो बस हमारा ही दिल जानता है।

तुम्हारी यादों को छोड़कर
आगे बढ़ जाने को,
ये मन अभी भी कहां मानता है।

बंवरा सा है ना यह मन,
इसीलिए अब तलक
यह तुम्हें अपना ही जानता है।
जो हमारे दिल पर गुजरी है,
वो हमारा ही दिल जानता है।

तुम्हारी की बेवफाई को यह,

अपनी कमाई पूंजी मानता है।

आज भी तभी शायद
ये तुम्हें एक हसीन सपना मानता है।
जो हमारे दिल पर गुजरी है,
वो हमारा ही दिल जानता है।

15. नैनो की भाषा

ये नेनौ की भाषा है जनाब,
हर किसी की समझ ना आती है।
ना जाने कैसे भ्रम में उलझा कर
यह मायाजाल में फंसाती है।

बेचैन सी होकर यह अक्सर,
विरह के पल बिताती है।
हर घड़ी किसी के इंतजार में यह,
कभी पलकें बिछाती है।

आंसू बहा कर ये अक्सर,
हाल ए दिल बता जाती है।
नैनों ही नैनों में यह अक्सर,
बिना बोले अपना हक जता जाती है।

कभी बिना कुछ बोले,
अनकहे जज्बात समझाती है।
कभी सुन कर के यह इकरार
खुद ही शरमा सी जाती है।

तो कभी करने को घायल यह,
नजरें के नशीले तीर चलाती है।

इश्क में उलझा कर
यह लोगों को कायल बनाती है।

खुश हो तो यह,
अपनी चमक से एहसास दिलाती है।
हो गम तो खुद हीं
ना जाने,
क्यों मुरझा सी जाती है।

ये नैनों की भाषा है जनाब,
हर किसी को समझ ना आती है।
ना जाने कैसे भ्रम में उलझा कर,
यह मायाजाल में बिछाती है।

16. तुम्हारी आंखें

तुम्हारी आंखें भी,
गजब करती है।

समय के साथ ना जाने,
क्या क्या रुप ये धरती है।

कभी जुबां बन कर तुम्हारी,
हमसे इजहार करती है।

कभी तुम्हारे मन की भाषा बन,
हमसे इकरार करती है।

कभी आईना बनकर हमें
जज्बात तुम्हारे बताती है।

तो कभी हमारे इजहार पर यह
ना जाने क्यों शर्माती है।

कभी नटखट सी अदाएं इनकी
हमको हंसना सिखाती है।

तो कभी कभी इनकी नमीं

हमें हमारी गलती समझाती है।

पर इन सबसे बड़ के है
इन आंखों की मासूमियत,
जो धड़कन बन कर
हमारे दिल को धड़काती है।
हमें हर हाल में ये
जीना सिखाती हैं।

17. मुझे याद है

मुझे याद है वो,
तुम संग मेरी सारी मुलाकातें।
मुझे याद है वो,
चांद की चांदनी में हुई सारी हसीन बातें।

मुझे याद है वो,
तुम्हारी याद में बिताई सारी तड़पती रातें।
मुझे याद है वो,
तुम संग मेरी सारी मुलाकातें।

मुझे याद है वो
पल जुदाई के सारे जो हमने कांटे।
मुझे याद है वो,
दर्द जो सारे हमसे किसी ने भी ना बांटे।

मुझे याद है वो,
तुम संग मेरी सारी मुलाकातें।
मुझे याद है वो,
चांद की चांदनी में हुई सारी हसीन बातें।

18. आज़ाद

पैरो मे पड़ी थी बेढियां,
उनसे न किसी ने आज़ाद किया।

पैरो मे पड़ी थी बेढियां,
उनसे न किसी ने आज़ाद किया।

अब तो लगता है कि शायद
आजादी का वो पन्ना
खुदा ने भी लिख कर मिटा दिया

चीखी चिल्लाई इतना में,
चीखी चिल्लाई इतना में
पर किसी ने भी ना मुझ पर ध्यान दिया।

चीखी चिल्लाई इतना में
पर किसी ने भी ना मुझ पर ध्यान दिया

अब तो लगता है कि शायद
हमारी खामोशी ने
हमारे ही मन के शोर को
अंदर ही कहीं दफना भी दिया।

पैरो में पड़ी थी बेढियां
उनसे न किसी ने आज़ाद किया।

19. अधूरा किस्सा

तेरे और मेरे बीच का,
एक किस्सा अधूरा रह गया।

ईश्क में किया हमारा,
हर एक वादा अधूरा रह गया।

ऐसा लगता है अब तो शायद,
ईश्क का एक और फ़साना
अधूरा रह गया।

एक और प्रेम कहानी का,
खुबसूरत सा अंत अधूरा रह गया।

तेरे और मेरे बीच का
एक किस्सा अधूरा रह गया।

20. सफलता

सफलता यूं ही नहीं मिलती,
बहुत संघर्ष करना पड़ता है।

कर कर के मेहनत दिन रात,
कामयाबी का शिखर चढ़ने को मिलता है।

अगर गिर भी जाओ सौ सौ बार तो
हर बार उठना पड़ता है।

मन में करके निश्चय बहुत सा
धीरज रखना पड़ता है।

सफलता यूं ही नहीं मिलती
बहुत संघर्ष करना पड़ता है।

बिना थके, बिना रुके नाकामयाबी का
ऊंचा पहाड़ चढ़ना पड़ता है।

सूरज की कड़ी धूप झेल कर भी,
समंदर सा शांत रहना पड़ता है।

सफलता यूं ही नहीं मिलती

बहुत संघर्ष करना पड़ता है।

सफलता की आसा लेकर
असफलताओं को गला लगाना पड़ता है।

हर पल हर घड़ी खुद पर भरोसा करके,
लगातार कर्म करना पड़ता है।

सफलता यूं ही नहीं मिलती
बहुत संघर्ष करना पड़ता है।

21. तलाश

एक अरसे से भटक रही हूं मैं,
मुझे सही रास्ते की तलाश है।
एक अरसे से भटक रहीं हूं मैं,
मुझे सही रास्ते की तलाश है।

जिसे पाने के लिए
सब छोड़ दिया मैने,
जिसे पाने के लिए,
सब छोड़ दिया मैने,
मेरी वो मंजिल कैलास है।

एक अरसे से भटक रहीं हूं मैं,
मुझे सही रास्ते की तलाश है।

ठोकरें खा चुकी हूं बहुत,
ठोकरें खा चुकी हूं बहुत,
अब तो बस भोले तुमसे ही आस है।

पतझड़ झेल रहे इस जीवन को,
फिर से बसंत आने की आस है ।

एक अरसे से भटक रहीं हूं मैं,

मुझे सही रास्ते की तलाश है।

जमाने ने बहुत,
दर्द दिए मुझको
जमाने ने बहुत,
दर्द दिए मुझको।
लेकिन मेरे हर दर्द की दवा, तुम्हारे पास है।

सब साथ छोड़ चुके है अब तो,
बस भोले तू ही मेरे साथ है।

एक अरसे से भटक रहीं हूं मैं,
मुझे सही रास्ते की तलाश है।

22. ऐ जिंदगी

ऐ जिंदगी,
तू बता जरा,
तेरी मार हम
कब तक सहे।

टूट कर बिखर चुके ,
अब खड़े और हम
कब तक रहे।

दिल मे तकलीफ लिए इतनी,
बाहर से हंसते हम
कब तक रहे।

सावन के आने की आस में,
पतझड़ को हम और
कब तक सहे

ऐ जिंदगी,
तू बता जरा,
तेरी मार हम
कब तक सहें।

23. इश्क का रंग

हमारे इश्क का रंग तो
अभी सही से चढ़ भी ना सका,
कि जमाने ने हमें
ना जाने कैसी मजबूरियां दे दी।

तुम्हारे और हमारे बीच में ना जाने कैसे,
यह कभी ना ख़त्म होने वाली दूरियां दे दी।

हमारे इश्क का रंग तो सही से चढ़ भी ना सका,
कि इस जमाने ने हमें
ना जाने कितनी कसौटियां दे दी।

तुम्हारे और हमारे बीच में ना जाने कैसे
ये कभी ना ख़त्म होने वाली दूरियां दे दी।

24. आने वाले पल

ऐ आने वाले पल,
कुछ जल्दी से तुम आ जाना।
मिटा सके जो दर्द मेरे ,
उस दवा को संग में ले आना।

नए कल में जीने को
खुशियों के रंग संग ले आना।

एक नए किस्से के कुछ हिस्सो को,
संग अपने तुम ले आना।

मुरझाए से इस जीवन में,
भरने को कुछ उमंग संग में ले आना।

25. समय

समय किसी से भेदभाव नहीं करता,
क्या राजा और क्या रंक साहब
इसने किसी को ना बख्सा।
हर एक पर इसने
अपना कोप है बराबर बरसा।

पर निर्दयी नहीं है स्वभाव से यह,
बस दंड देते समय कठोर है।
जो पार कर ले इसकी चुनौति,
वो वीर नहीं कोई और है।

अच्छे और बुरे हर एक का
यह अहसास दिलाता है ।
अपना और अपनों का मोल भी,
यहीं बात बात पर समझाता है।

26. रोशनी की तलाश

है अंधेरों में घिरी जो जिंदगीं,
उसे रोशनी की तलाश है।
छुप छुप के जो दम तोड़ रहीं,
छुप छुप के जो दम तोड़ रहीं
उस जिंदगीं को फिर से जीने की आस है।
है अंधेरों में घिरी जो जिंदगीं
उसे रोशनी की तलाश है।

जो टुकड़े हुए है दिल के,
जो टुकड़े हुए है दिल के,
उन टुकड़ो की भी तलाश है।
है अंधेरों में घिरी जो जिंदगीं
उसे रोशनी की तलाश है।

जो जख्म मिले है मेरे दिल को,
जो जख्म मिले है मेरे दिल को,
उनके भरने की आस है।
है अंधेरों में घिरी जो जिंदगीं
उसे रोशनी की तलाश है।

जो मिटा सके दर्द सारे मेरे,
जो मिटा सके दर्द सारे मेरे,

ऐसी उस दवा की तलाश है।
है अंधेरों में घिरी जो जिंदगीं
उसे रोशनी की तलाश है।

जो भर सके रंग इस बेरंग जीवन में,
जो भर सके रंग इस बेरंग जीवन में,
उसके लौट आने की आस है।
है अंधेरों में घिरी जो जिंदगीं
उसे रोशनी की तलाश है।

जो खो गई थी मुस्कान उसके जाने से,
जो खो गई थी मुस्कान उसके जाने से,
उसकी अब तलक तलाश है।
है अंधेरों में घिरी जो जिंदगीं
उसे रोशनी की तलाश है।

आज भी मेरे इस मासूम दिल को,
आज भी मेरे इस मासूम दिल को,
उसके लौट आने की आस है।
है अंधेरों में घिरी जो जिंदगीं
उसे रोशनी की तलाश है

27. इश्क

इश्क क्या है?

इश्क, ना रहमत है कोई,
ना कोई दुआ है ये।

इश्क, ना इबादत है कोई,
ना कोई गुनाह है ये।

इश्क, ना मर्ज है कोई,
ना कोई दवा है ये।

इश्क, ना खेल है कोई,
ना कोई जुआं है ये।

तो आखिर इश्क है क्या?

इश्क....
इश्क तो बस,
दो धड़कते से दिलो में,
कुछ उमड़ते से जज़्बात है।

कुछ खट्टे से कुछ मीठे से

अनकहे दिल के एहसास है।

दो रूहों के आपस में मिलने का
एक खूबसूरत सा आभास है।

हर पल इसमें तो बस,
प्रियतम को प्रियसी से मिलने की आस है।

28. इश्क का रोग

इश्क चंद लफ्जों का किस्सा नहीं,
एक बड़ा लंबा सा फसाना है।

इस बला ने अपने आगे भला, किसी को क्या माना है।

इश्क के सफर को तो बस,
साथी के साथ से शुरु होकर,
विरह तक जाना है।

कुछ खोना है इसमें कभी,
तो कभी इसमें बहुत कुछ पाना है।

कभी कभी किसी के लिए तो,
इसे अमर भी हो जाना है।

जोड़ के दिलो को तोड़ना,
इश्क का काम पुराना है।

सदियों पुराना रोग है यह,
जो जग से निराला है।

सारे दिन खाली बैठ कर इसमें, तो बस सपने ही सजाना

है।

अपने आगे इस इश्क ने तो बस,
सभी को बेबस कर डाला है।

कोई नया रोग नहीं
यह रोग सदियों पुराना है।

चंद लफ्जों का ये किस्सा नहीं
एक बड़ा लंबा सा फसाना है।

29. घुटन

जमाने से जो लड़ के मैनें,
उन्हें दुश्मन बनाया है।
आसमानों में उड़ने को मैनें,
यह कदम उठाया है।

पर यह दुनिया आज भी,
मुझे रोके ही जाती है।
मेरी राहों में ना जाने यह,
कितने रोड़े बिछाती है।

डाली है बेड़ियां मुझको
मेरे पंखों को काटा जाता है।
तोड़ी है उम्मीदें मेरी,
मेरे सपनों को कुचला जाता है।

हार जाऊं मैं इनसे इसलिए,
मुझे जल्दी ब्याहा दिया जाता है।

जिद छोड़ दूं मैं उड़ने की इसलिए,
चूल्हें चौकें में झोक दिया जाता है।

ऐसी हालात में रह रह कर

दम मेरा घुटतां जाता है।

दम मेरा घुटता जाता है।

30. मुझे भी डर लगता है

यहां दरवाजे बंद है सारे,
सांसें आनी भी भारी है।
अब तो लगता है जैसे कि,
बलि चढ़ने की मेरी बारी है।

ऐसी हालात में भी तो,
मैंनें उम्मीद ना हारी है।
अब तो आ जाओ बस तुम भी ,
अब तो तुम्हारी बारी है।

हाथों को थाम लो आकर,
मुझको तुम बाहर निकालों ना।
इस घुटन भरे जीवन से तुम
मुझको आकर बचा लो ना।

खो ना जाऊं भीड़ में मै,
मुझको तुम कहीं छुपा लो ना।
आंचल फैला दो तुम अपना
मां मुझें खुद में समा लो ना।

तुम साथ रहना सदा मेरे,
अब मुझे सब झूठ लगता है।

हाथ मेरा थाम लो ना तुम,
मां मुझे भी अब डर लगता है।

मेरा नाजुक सा मन ये भी,
बड़ा बेबस सा लगता है।
मेरे मन के जख्मों पर अब तो,
कोई भी मरहम ना लगता है।

कोशिश कर लूं मैं कितनी भी
अब सब बेकार ही लगता है।
हिम्मत कर लो ना मां तुम भी,
नहीं तो मेरा संघर्ष यह बेकार ही लगता है।

साथ में लड़ लो ना तुम मेरे,
आवाज तुम भी उठा लो ना।
तोड़ दो तुम भी यह चुप्पी,
मां तुम मुझको बचा लो ना।

31. सच की चिंगारी

जो अपने दिल में हमेशा,
सच की चिंगारी लेकर चलता है,
वो भला इस दुनिया से,
फिर कहां ही डरता है।

अपनी हिम्मत के साथ इस जमाने के,
झूठे नियमों में फिर कहां ही वो बंधता है।
वो भला इस दुनिया से,
फिर कहां ही वो डरता है।

करे बेशक लाख कोशिश पर,
इस जमाने वो कहां ही दबता है।
वो भला इस दुनिया से,
फिर कहां ही वो डरता है।

अपने दिल की सच्चाई के आगे,
वो चार लोगों की बात फिर कहां ही सुनता है।

जो अपने दिल में सच की चिंगारी लेकर चलता है,
वो फिर भला इस दुनिया से कहां डरता है।

32. बहुत हुआ

बहुत हुआ चलो अब,
अपने दिल को साफ करते है।
हर दिल दुखाने वाले को,
आज हम माफ करते है।

बिती हुई सारी कडवी यादो को,
दिल से हटा के खाक करते है।
चलो आज फिर से हम,
एक नई शुरूआत करते है।

बहुत हुआ चलो अब,
अपने दिल को साफ करते है।
हर दिल दुखाने वाले को
आज हम माफ करते है।

भूला के सारी नफरतों को,
हम फिर से प्यार का आगाज करते है।
तुमको भी आज से हम
हमेशा के लिए माफ करते है।

बहुत हुआ चलो अब,
अपने दिल को साफ करते है।

हर दिल दुखाने वाले को
आज हम माफ करते है।

तोड़ा था कैसे जमाने ने हमको
इस सबक को हम याद करते है।
ना किसी से अब शिकायत
और ना ही किसी से हम फरियाद करते है।

बहुत हुआ चलो अब
हम अपने दिल को साफ करते है।
और हर दिल दुखाने वाले को
आज हम सदा को माफ करते है।

अपने दिल को साफ कर,
एक नए सफर की हम आज से शुरुआत करते है।

बहुत हुआ चलो अब
अपने दिल को साफ करते है।
हर दिल दुखाने वाले को
आज हम माफ करते है

33. वादा करने वाले

ऐ वादा करने वाले सुन,
हम आज भी
तेरे वादे पर एतबार करते है।

ऐ वादा करने वाले सुन
हम आज भी
तेरे वादे पर एतबार करते है।

तेरे आने का तो हम
आज भी बड़ी बेसब्री से
हर पल इंतजार करते है।

ऐ वादा करने वाले सुन
हम आज भी
तेरे वादे पर एतबार करते है।

हर आने वाले रस्ते पर
उम्मीद भरी निगाहों से
हम तेरी राह तकते है।

ऐ वादा करने वाले सुन
हम आज भी

तेरे वादे पर एतबार करते है।

तेरे किए हर एक वादे का
हम आज भी
पूरा होने का इंतजार करते है।

तेरे किए हर एक वादे का
हम आज भी
पूरा होने का इंतजार करते है।

ऐ वादा करने वाले सुन
हम आज भी
तेरे वादे पर एतबार करते है।

हर पल हर समय
तेरे लौट आने की
हम दिल से दुआ करते है।

ऐ वादा करने वाले सुन
हम आज भी
तेरे वादे पर एतबार करते है।

तेरे आने के इंतजार में
हम आज भी हर पल
तड़पा करते है।

ऐ वादा करने वाले सुन

हम आज भी
तेरे वादे पर एतबार करते है।

34. गलतफहमी

बस एक गलतफ़हमी थी हमको,
कि हम खुद को आजाद समझ बैठे।

पंछी होकर के कैद के,
हम उड़ने के ख्वाब सजा बैठ।

कभी हमें भी इस पिंजरे से निकलेगा कोई,
झूठी सी एक आस लगा बैठे।

उस खुले आसमां में उगते सूरज को देख सकेगे कभी,
हम भी यह अरमान सजा बैठे।

पिंजरे से निकल कर उड़ चलेगे,
हम भी यह जिद्द लगा बैठे।

पर इन जालिमों की बेड़ियों में ही साहिब
हम अपनी जान गवां बैठे।

बस एक गलतफ़हमी थी हमको,
कि हम खुद को आजाद समझ बैठे।

35. कौन जानता है

हमारे दिल पे जो गुजरी,
वो हमारा दिल जानता है।
कितने टुकड़ो में था ये टूटा,
आखिर कौन जानता है?

लाखों दफ़ा बोला था दुनिया से बचने को इसे,
पर ये मासूम दुनिया को कहां जानता है।

नकाब के पीछे छिपे अपनों में,
यह भेद कहां जानता है।
हमारे दिल पे जो गुजरी,
वो हमारा दिल जानता है।

36. मंजिल

बहुत दूर निकल चुकी हूं मैं
अपनी मंजिल की तलाश में।

मीलों दूर तलक चल चुकी हूं,
उस मंजिल को पाने की आस में।

एक अरसे पुरानी
अपनी इस तलाश में,
तड़प ली बहुत
उसे पूरी होने की आस में।

दिन रात बीत रहें हैं मेरे,
अब तो इसी विश्वास में।
कि हां अब तो है
मेरी मंजिल मेरे पास में।

37. हवाएं

ये प्यारी हवाएं खुशबू उनकी,
अपने संग में लाती है।
आकर हम तक ये हमको,
उनका सब हाल बताती है।

चुपके से आकर हमको खबर,
कोई उनकी सुना कर जाती है।
फूलों की महक के संग यह तो,
उनकी खुशबू भी लाती है।

छू कर हमको ये अक्सर,
उनका अहसास कराती है।
दूर हो कर भी उनसे
हमको मिला के जाती है।

तड़प रहीं थी मैं जिस अहसास के लिए,
उसका आभास मुझको कराती है।
मेरा हर संदेशा यह तो,
उनके पास तक पहुंचाती है।

उन्हें छू कर देखो यह,
कितना ही इतराती है।

ये प्यारी हवाएं उनकी खुशबू
अपने संग में लाती है।

38. प्यार के खातिर

बस अपने प्यार के खातिर,
वो जमाने से लड़ता रहा।
बस अपने प्यार के खातिर,
वो जमाने से लड़ता रहा।

घुटता था वो अंदर से,
पर बाहर से वो हंसता रहा।
घुटता था वो अंदर से
पर बाहर से वो हंसता रहा।

सौ सौ आंसू बहा के रातों में,
दिन में सूरज सा वो चमकता रहा।
सौ सौ आंसू बहा के रातों में,
दिन में सूरज सा वो चमकता रहा।
बस अपने प्यार के खातिर
वो जमाने से लड़ता रहा।

अपनों से ही हठ कर के
वो अपने के लिए हीं तड़पता रहा।
अपनों से ही हठ कर के
वो अपने के लिए हीं तड़पता रहा।
बस प्यार के खातिर

वो जमाने से लड़ता रहा।

तकलीफ तो कम उसकी भी ना थी,
पर फिर भी वो सब सहता रहा।
तकलीफ तो कम उसकी भी ना थी
पर फिर भी वो सब सहता रहा।
बस प्यार के खातिर
वो जमाने से लड़ता रहा।

मुस्कुराती रहा करो तुम सदा,
यह बार बार वो उस से कहता रहा ।
मुस्कुराती रहा करो तुम सदा
यह बार बार वो उस से कहता रहा ।
बस प्यार के खातिर
वो जमाने से लड़ता रहा

39. ऐ उम्मीद

ऐ उम्मीद सुन,
कभी मेरे घर भी आ जाना
मैं तेरे इंतजार में हूं,
कम से कम अपनी शक्ल तो मुझे दिखा जाना।

कबसे बैठी हूं मैं हताश यहां,
तुम थोड़ा सा हौसला मुझको भी दे जाना।
कभी फुरसत जो मिले तुमको,
तो मेरे घर भी आ जाना।

घनघोर अंधेरा देखो है कितना,
तुम रोशनी की एक किरण दिखला जाना।
कभी फुरसत जो मिले तुमको,
तो मेरे घर भी आ जाना।

40. फरियाद

उसका मासूम चेहरा,
सौ- सौ फरियाद लगाता रहा।
उसका मासूम चेहरा,
सौ- सौ फरियाद लगाता रहा।

भूखा - प्यासा था वो शायद,
इसलिए अपने आंसूओं से ही
अपनी भूख मिटाता रहा।

तकलीफ थी उसको भी बहुत,
सो चेहरे से दिखाता रहा।
किसको कहता वो बेचारा,
सो खुद ही आंसू बहाता रहा।

सोने को फुटपाथ और
खाने को धिक्कार पाता रहा।
तन ढकने को जब कुछ मिला ही नहीं,
तो बस एक फटी सी कतरन में ही खुद को छुपाता रहा।

उसका मासूम चेहरा,
सौ- सौ फरियाद लगाता रहा।
उसका मासूम चेहरा,

सौ- सौ फरियाद लगाता रहा।

41. कहानी रुहानी

भीगी सड़क है और ये रस्ता हसीं।
और मेरे संग में है तू भी यहीं।
आजा चल साथ में मेरे कहीं,
जहां और कोई भी होगा नहीं।

आजा चल लिख दे हम कोई कहानी,
संग में है मेरे आज सपनों की रानी।

सदियों तक अमर रहे जो कहानी,
किस्से भी हो वो बड़ा ही रुहानी।

तेरी और मेरी है प्रीत पुरानी
तभी तो है हमारी यह कहानी रुहानी।

42. रास्ता

एक रस्ता है,
जिस पर कोई ना जाता है।
क्योंकि क्या कहेंगें चार लोग,
इस बात का डर सबको सताता है।

पर करके हिम्मत कोई,
जो दो चार कदम बड़ा भी पाता है।
तो ना जाने फिर वो क्यों,
लाख मुश्किलें पाता है।

पर डट जाएं जो कोई वहां,
वो सच्ची खुशियां पाता है।
झेलते हुए रास्ते में ही,
वो खुशियों को बचाता जाता है।

अपनी आने वाली पीढ़ी को,
वो बस फिर एक ही बात समझाता है।

कि एक रस्ता है,
जहां कोई नहीं जाता है।
पर पार कर ले उसे सारी खुशियां वो पाता है।

43. अंधकार

दूर दूर तक यहां
छाया हुआ अंधकार है।

लोभ, इर्ष्या, अंहकार
छाया हर ओर है।

मैं बड़ा, मैं ही बड़ा
का घमंड हर ओर है।

दम तोड़ती मासूमियत,
और इंसानियत हर ओर है।

ताकत के मद में चूर देखों,
आज यहां हर एक इंसान है।

धरती पर आंतक कैसा
देखों छाया चारों ओर है।

कली ने कलियुग में मचाया
देखों कैसा भंयकर शोर है।

इंसान ही इंसान के खून का

प्यासा फिरे हर एक ओर है।

दूर दूर तक यहां
छाया हुआ अंधकार है।
लोभ, इष्र्या, अंहकार
छाया हर ओर है।

44. अंतर्मन की आवाज

आसमान की ख्वाहिश में तुम, क्यों अपनी जमीन को भूल
जाते हो।
आगे बड़ने की हवस में तुम, क्यों मुझको ही पीछे छोड़
जाते हो।

मैं नहीं पुरानी सोच कोई,
जो तुम मुझको छोड़े जाते हो।

मैं अंतर्मन की आवाज तुम्हारी
क्यों तुम मुझे दबायें जाते हो।

मोड़ नहीं सकते मुहं लालच से,
तो क्यों मुझसे भागे जाते हो।

नहीं साहस है तो कह दो ना,
क्यों मुझसे नजरें बचा के जाते हो।

मैं अंतर्मन की आवाज तुम्हारी
क्यों तुम मुझे दबायें जाते हो।

45. सपनो तक दौड़

तारों के नीचे,
आंखियों को मीचे,
खोए है हम अपनी ही धुन में।

आंखियों में नींदियां,
नींदियों में सपना,
सपने में हम है,
अंबर के नीचे,
दौड़ रहें है,
सपनों के पीछे।

गिरते और उठते,
फिर से संभलते,
आंख मिचौली,
ऐ भागा दौड़ी हो रहीं है,
सपनों के पीछे।

सपना है भागें,
देखो आगे आगे,
हम भी है भागे,
जान लगा के,
हम उड़ रहे है

देखो पंख लगा के।

तारों के नीचे,
आंखियों को मीचे,
खोए है हम अपनी धुन में।

46. आजादी की कीमत

कितनी सस्ती थी यह आजादी,
हम क्या जाने आज

किमत पूछनी ही है इसकी
तो उन मां से पूछो,
उन पत्नियों से पूछो,
उन बहनों से पूछो,
और उन बच्चों से पूछो,
जिन्होनें वो कीमत चुकाई है।

तुम मानो या ना मानो
पर उन्हीं के बलिदानों से
आज तुमने भी
यह आजादी पाई है।

47. चांद तेरा रुप

चांद तेरा रुप देख कर तो,
हमारे महबूब शरमा के चले गए।

पुराना किस्सा सुनने आए थे,
और एक नया फ़साना बना के चले गए।
चांद तेरा रुप देख कर तो,
हमारे महबूब भी शरमा के चले गए।

दुनिया में रहते हुए भी हम, सपनों के बादलों में दूर कहीं
चले गए।
चांद तेरा रुप देख कर तो,
हमारे महबूब,शरमा के चले गए।

अपनी अदाओं से हमको
वो कायल बना के चले गए।
नैनों के उन तिरछे तीरों से
वो हमें घायल बना के चले गए।

चांद तेरा रुप देख कर,
हमारे महबूब भी शरमा के चले गए

48. इत्तेफाक

काश कि कुछ ऐसा इत्तेफ़ाक हो जाए,
कि मेरी तुझसे एक मुलाकात हो जाए।

है दिल मे द्रफन जो लाखो जज्बात मेरे ,
वो आंखो ही आंखो से
बिन कहे बयां हो जाए।

आ जाओ इस भीड़ में से तुम सामने मेरे ,
कुछ ऐसा गज़ब कमाल हो जाए।

होगा मिलन जब
एक अरसे के बाद
तो उस क्षण
उस घड़ी में,
ये समय भी कहीं खो जाए ।

काश कि कुछ ऐसा इत्तेफ़ाक हो जाए,
कि मेरी तुझसे एक मुलाकात हो जाए।

49. दिल तो बच्चा है जी

दिल तो बच्चा है,
यह बंधन कहां समझता है।
समाज के लाखो बंदिशों में भी,
यह उड़ान के सपने बुनता है।

क्या सही है और क्या गलत,
यह कहां समझता है।
तभी तो हर बार खुद ही,
यह उलझन में उलझता है।

जाती, धर्म और लिंग का भेद
तभी तो यह कहां समझता है ।
इंसानियत का नाता बना,
यह तभी तो शांति चुनता है।

दिल तो बच्चा है जी,
यह बंधन कहां समझता है।

50. एक शाम खुद संग

एक शाम खुद संग गुजार कर,
यह ख्याल मन में आया है।

कि मैं कौन हूं
और मैनें जीवन में,
अब तलक क्या क्या पाया है।

इसके जवाब ने मन को मेरे,
मेरी विवशता का भान कराया है।
एक शाम खुद संग गुजार कर,
यह ख्याल मन में आया है।

अपनी ख्वाईशों को कुर्बान करके,
मैनें एक और सवाल को पाया है।
कि अब तलक ऐसा करके,
मैनें किस को खुश कर पाया है।

अर्थी सजा कर मेरे सपनो की,
मुझे सबने यह बतलाया है।
कि अपने होंठों को सिल कर मैनें खुदको
इस समाज का हिस्सा बनाया है।

एक शाम खुद संग गुजार कर,
यह ख्याल मन में आया है।
जिसके विचार ने फिर एक बार,
मेरे अंतर्मन को झिंझोड़ डाला है।